Collection

souris noire

dirigée par
François Guérif

L'auteur

Thomas Scotto est né en 1974, exactement le jour du débarquement, c'est peut-être pour ça que, peu à peu, il s'est rapproché de la Normandie. Et là, dans les courants d'air de sa nouvelle maison, dans les sourires d'Anne, Mathilde et Cassandre, il ne lui manque rien pour être heureux. Ah si peut-être. Un bar ouvert après vingt et une heure et un cabaret dans son petit village. C'est tout.

Du même auteur

• *Vincent l'invisible*
• *Moi, faut plus me raconter d'histoires*
Syros, Mini Souris Sentiment

Thomas Scotto

Le baiser du serpent

Illustration de couverture
Jacques Ferrandez

souris noire

SYROS
jeunesse

Catalogage Électre-Bibliographie
Scotto, Thomas
Le baiser du serpent. – Paris : Syros, 2000. – (Souris noire ; 44)
ISBN 2-84146-805-4
Dewey : 811.5 : Albums et fiction. Romans. Aventures et voyages
Public concerné : Bons lecteurs (à partir de 12 ans)

Pour Olivier le Maudit,
un diable sur son île.

Ma main gantée caresse sa peau froide. Il siffle, mécontent, l'odeur du caoutchouc lui déplaît sans doute. Il se love un peu plus sur lui-même, ne cherche même pas à s'enfuir. Heureusement, il fait partie d'une espèce qui ne mord pas. Pour tuer, il enlace mais là, il n'y a aucun danger.
Quand même, je redouble de tendresse.

– Tu sais, tu as une grande mission ce soir. Un peu comme les kamikazes japonais. Tu me comprends ?... Ton dernier spectacle, la gloire tout à toi. Réfléchis bien, il n'y a pas d'autre solution.

1

Il est 22 h 36 et je sais ce que vous allez dire : « Qu'est-ce qu'une jeune fille de bientôt treize ans fait devant un cabaret à une heure pareille ? »

C'est exactement ce que me répète grand-mère lorsque je vais la voir.

– Écoute ma chérie, tu vas penser que je radote et tu auras raison, mais avoue tout de même qu'un cabaret, ce n'est pas un lieu à fréquenter. Surtout quand on est aussi jolie que toi. Il y a du danger. C'est bon pour les voyous ça...

Grand-mère Luce je l'adore, ce n'est pas la question, mais là, c'est vrai qu'elle radote. On dirait qu'elle fait exprès d'oublier la chose essentielle : le « virus cabaret » c'est fa-mi-lial !

Parce que attention, roulements de tambour, ouvrez grand les yeux, lorsque maman apparaît, c'est l'apothéose !

Tous les soirs, ma mère est un ange aux seins nus dans le ballet final de la *Pierre bleue*, le cabaret le plus chic de Paris. C'est le clou du spectacle, un truc qui vous pique partout ! Un vrai feu d'artifice de plumes et de paillettes. Depuis un an, papa l'accompagne. En redingote blanche il est superclasse. En plus, maman ne danse avec personne d'autre que lui. Et là je vous assure que même après trois coupes de champagne, tout le premier rang se réveille parce que ça vaut vraiment le coup.

Je suis sûre que c'est pour cette raison que Luce et maman ne se parlent plus. Il y avait comme une gêne chaque fois qu'elles se revoyaient. Elles serraient les dents pour éviter de se mordre. C'était la vraie guerre, Hiroshima puissance douze. Il n'y avait plus que de la politesse entre elles. Dans ces cas-là, ça ne sert à rien d'insister. Pourtant, grand-mère aussi était danseuse.

– Ça n'a rien à voir, Salomé. Moi je te parle de LA danse. Autre chose qu'une rangée de derrières qui se trémoussent ! C'était la mort du cygne tous les soirs, quelque chose de bouleversant...

Les souvenirs, c'est vicieux, ça ouvre en douce le robinet des larmes. Très vite, je m'efforce de changer de sujet. Je lui parle des copines, du prof de maths top model qui vient d'arriver, de ces trois garçons qui me tournent autour depuis la rentrée, enfin des choses de tous les jours. Mais c'est comme si je ne m'entendais pas lui débiter tout ça. Je suis dévorée par l'envie d'en savoir plus. Souvent je me tais, je la regarde boire son thé au citron avec élégance et j'attends qu'elle me raconte encore.

Grand-mère Luce est toujours impeccable. Elle n'a pas changé de coiffure depuis cinquante ans, le même chignon, aussi serré du lundi au dimanche, été comme hiver, une boule de cheveux gris indéracinables. Et ce qui m'épate, c'est qu'elle a su demeurer droite malgré son âge. Elle ne baisse jamais la tête, ce qui fait dire à papa en douce qu'elle a sûrement oublié d'ôter le cintre de son tutu !

Luce, elle est sans doute sèche, froide, maniaque et trop bien élevée, mais moi j'imagine bien que des hommes ont dû aimer cette femme-là, pour sa grâce, pour ses gestes mesurés et son parfum de fleur d'oranger. Avec sa canne, elle ressemble à un vieux professeur de danse russe que j'ai vu à la télé un soir. Madame Bloumskaïa, pile poil ! Et quand elle ouvre la lourde porte de son appartement, on s'attend toujours à ce qu'elle vous interpelle avec un accent bizarre. Mais rien. En revanche, franchir le seuil de chez elle, c'est comme tomber tout entier dans un album photo ! Les murs de tissu rouge en sont recouverts, il y en a des milliers peut-être. Beaucoup de noir et blanc, des ballerines, des miroirs éclairés, grand-père Louis au volant de sa Dauphine décapotable, des pays que je ne connais pas et quelques photos en couleurs avec moi et Maël dans la maison de campagne de Luce.

Il y a longtemps qu'on n'y va plus.

Maël c'est mon cousin. Un Breton pur et dur mais alors plus breton que lui tu meurs ! S'il était une fille, je suis sûr qu'il porterait la coiffe et tout et tout même dans le métro. Heureusement, c'est un garçon ! Dans son caban il ressemble un peu au Corto Maltese de la BD. Bon, on sent qu'il a moins voyagé que lui mais de profil y a quelque chose...

Depuis qu'il est en âge de prendre le train tout seul, Maël vient passer une partie des grandes vacances à la maison, histoire de ne pas s'ennuyer et de s'oxygéner les poumons dans les embruns des pots d'échappement. Grand-mère Luce adore nous voir ensemble.

– À nous trois, on forme la belle famille ! elle répète avec conviction.

On se retrouve alors chez elle pour le goûter après avoir traîné sur le parvis de Notre-Dame. Et là, sur son île Saint-Louis, Luce est la plus heureuse.

Ce matin, entre deux bouchées de céréales, j'ai soufflé une idée à Maël.

– Et si ce soir on emmenait Luce à la *Pierre bleue* ?

– Bien sûr, et tu lui feras boire combien de somnifères pour la transporter là-bas, parce que, à moins d'être endormie, elle n'acceptera jamais !

Maël avait presque raison, enfin pas tout à fait tort. Lui proposer une soirée là-bas, même gratuite, c'était comme lui tendre un aller simple pour l'Enfer. C'était un coup à la mettre en pétard pour toujours, il y aurait du thé au citron sur la moquette...

Pourtant, j'avais sûrement hérité de son caractère de chien de race parce que j'étais bien décidée à y arriver.

Même s'ils n'étaient pas boulangers, profs ou loueurs de planches à voile, j'étais vraiment fière de ce que faisaient maman et papa. Sans mentir, ils sont tellement craquants sur scène. Après toutes ces années de silence, il était temps maintenant que grand-mère Luce s'en aperçoive.

Alors j'ai joué sur la corde sensible. Presque la mort du cygne, un truc bouleversant, quoi ! C'est un peu vache mais faut ce qu'il faut.

– Allô, grand-mère ?... Gagné, c'est Salomé !... Oui, oui, ça va, Maël est toujours vivant !... Tu sais quel jour on est ?...

Non, le deux, c'est mon anniversaire... Ben oui, comme chaque année !... Treize... Porte-bonheur ... À ce propos j'ai quelque chose à te demander. C'est super-important... On peut passer te voir maintenant ?... D'accord, à tout à l'heure.

Maël ne voyait absolument pas où je voulais en venir.

– T'es vraiment tombée sur la tête ! Luce au cabaret ! C'est comme du caviar servi dans une boîte à sardines...

Mon cher cousin breton adore les comparaisons. « Comme » c'est son mot favori ! Il dit toujours : « L'école c'est comme le désert, plus on y reste plus on étouffe ; Leonardo DiCaprio c'est comme un radiateur, quand les filles le voient, elles fondent... » Enfin, c'est toujours très météorologique ! D'habitude ça me fait plutôt rire, mais le caviar dans la boîte à sardines, c'est vraiment trop nul.

Lorsque nous sommes arrivés chez grand-mère Luce, il était déjà tard dans la matinée. Les touristes avaient envahi les quais avec dans la tête l'envie de se reproduire un coin de plage à Paris.

Avant d'appuyer sur l'interphone, on est allé se choisir une glace deux boules parce que sur l'île ce sont les meilleures.

– Pfffff ! Faites attention à la moquette tout de même !

– Bonjour Luce ! a-t-on répondu en l'embrassant chacun sur une joue.

– Suffit, vous êtes tout collants ! Tu as encore pris chocolat blanc, toi ?

J'ai secoué la tête en souriant bêtement, exprès.

– Eh bien on voit que vous ne savez pas ce que c'est que de devoir garder une taille de guêpe toute sa vie...

Maël passa sa main sous le bras de Luce pour l'aider à s'asseoir.

À côté de lui si baraqué, elle paraissait toute fragile mais le noir de ses yeux ne trompait pas : Luce n'avait rien d'un chiffon mou !

«... C'est du solide !... Et pas question qu'on m'enferme un jour dans vos clapiers à vieillards », elle vociférait quand le médecin lui prenait sa tension.

On s'est assis par terre, sur son tapis en peau de mouton, comme si elle allait nous raconter une nouvelle histoire.

– Alors, c'est quoi tous ces mystères ?

J'ai eu du mal à avaler ma salive. Ça a fait un « gloups ».

– Ce soir on fête mon anniversaire à la *Pierre bleue*, après le spectacle, et j'aimerais que tu viennes.

Le visage de Luce s'est refermé. Plus personne. Elle a massé le pommeau doré de sa canne avec force, le regard absent, et le coude de Maël s'est planté entre mes côtes. Toutes les photos des murs semblaient ricaner nerveusement. C'est là que j'ai pensé que je m'étais peut-être gourée. Mais grand-mère a tendu l'oreille comme si de rien n'était.

– Pardon ? Tu disais ?

Elle jouait à la « dure de la feuille ». Pour n'entendre que ce qu'elle voulait, elle était très forte à ce jeu-là. Manque de pot, je ne me suis pas démontée.

– C'est pour mon anniversaire, tu peux bien faire ça.

Pour que les larmes viennent au bon moment, il a fallu que je me pince le dessous du genou. Maël ne disait rien. Il était tellement recroquevillé que j'ai bien cru que la peau de mouton était en train de le gober.

Luce a pris une respiration théâtrale et sans fin. Je l'ai regardée bien fort et bien flou, rapport aux larmes, et j'ai attendu qu'elle déclame.

– Je n'aime pas te voir pleurer.

Et ce fut tout.

Il est 22 h 36. L'enseigne de la *Pierre bleue* clignote en étincelles. La foule est déjà là sur le trottoir brûlant, des femmes à chapeau qui dégoulinent, des hommes en costard et nœud pap': que du beau monde ! Moi j'ai gardé ma robe jaune d'aujourd'hui, tant pis.

Qu'est-ce qu'ils fabriquent ? Maël devait passer prendre Luce, sauter dans un taxi et hop ! Sûr qu'on va rater le début du spectacle. Après quelques piétinements, j'entends une porte claquer et le cliquetis familier de la canne. Grand-mère Luce ne sourit pas mais au moins elle est là. Et sans somnifères !

Franchement, est-ce que je pouvais prévoir que la soirée serait plus longue que prévu ? Bien plus longue..., une nuit de plusieurs jours.

Il fait encore sombre dans la loge numéro douze, moite à cause des fleurs tropicales. Le spectacle est pour bientôt.

Je le regarde. Il commence à se trémousser, à vouloir se dégourdir les pattes qu'il n'a pas. Cet animal est parfaitement dressé, ponctuel. Sa maîtresse est en retard, juste de quelques minutes, mais c'est bien suffisant pour l'irriter. Les sens toujours en éveil, il patiente.

C'est rare tant d'amour et de fidélité.

2

À la vérité, grand-mère Luce s'est bien tenue. Pas un soupir, aucun coup de canne à personne, même pas une réflexion sur les serveuses en maillot de bain bleu.

Je crois même qu'elle n'a pas fermé les yeux quand les danseurs du tableau égyptien étaient torse nu !

Pendant les entractes elle regardait autour d'elle, le plafond bleu nuit tapissé d'étoiles, les tentures, les petites tables serrées avec leurs bouquets de fleurs, les bougies, et le tout avec un côté maîtresse de maison, un peu comme si elle avait sa place attitrée depuis des années. Maël aurait dit qu'elle était comme un poisson dans l'eau.

– Tu veux boire quelque chose ?

– Un Perrier, tu es mignonne. On ne peut pas dire que ce soit très aéré ici...

Ce soir, le cabaret était plein. Dans la salle, il y avait la musique des tintements de verres, des fourchettes qui s'entrechoquent. Parfois un gros homme riait aux éclats et tout le monde se retournait. La honte ! Mais toujours ça repartait de plus belle. Je me suis faufilée jusqu'au bar. Deux, trois clientes enrubannées se sont bien demandé pourquoi je n'étais pas encore couchée ou devant un bon dessin animé mais ce qu'elles ne savent pas c'est que ce soir j'ai exactement treize ans et que papa et maman vont danser rien que pour moi.

– Salut ma belle !

– 'soir Adrien. Je peux avoir un Perrier et deux Coca s'il te plaît ?

– Tu ordonnes et j'exauce ! Alors, quand est-ce que tu montes sur scène toi aussi ? Avec des belles gambettes comme ça, on ferait salle comble tous les soirs !

Il m'a fait un large sourire. Adrien, je l'adore. Toujours il me cherche en me disant que dans quinze ans il m'épousera et qu'il me fera visiter La Réunion parce que c'est là-bas qu'il est né, qu'on pêchera des langoustes, que je dois bien faire attention aux garçons parce qu'ils ne sont jamais très tendres avec les filles, que c'est à cause de leur cerveau qu'est moins en avance que le nôtre et que de toute façon j'ai bien le temps, non ?

Tout ça c'est complètement faux. Lui, il aime Dalila la charmeuse de serpents.

Ils vont bientôt se marier mais c'est un secret, je suis la seule à savoir.

Maël et grand-mère Luce n'ont pas bougé d'un centimètre. Je les ai surpris en grande conversation.

– ... Juste avant d'entrer en scène, on continuait encore de s'échauffer. Il y avait toujours une barre dans les coulisses. La « grande traqueuse », on l'appelait. On s'accrochait bêtement à ces derniers exercices pour se rassurer, mais au fond, ça ne servait plus à grand-chose.

– Un peu comme quand on révise juste avant d'entrer dans la salle d'examen ! a répondu Maël, un rien faux-jeton.

– Si tu veux. Bon, quand est-ce que le spectacle recommence ? La ponctualité, même de nos jours, ça a du charme...

J'ai posé les verres et les bouteilles sur la table. Contre toute attente, Luce semblait impatiente de voir danser sa fille. Pas sûr qu'elle la reconnaîtrait avec toutes ses plumes. Je n'ai pas dit à papa et maman que Luce serait là.

Pas la peine.

En début de soirée, je suis descendue au sous-sol, jusqu'à leur loge, histoire de papoter un peu. C'est un tout petit endroit. Une boîte d'allumettes pour danseurs de poche. Ça va que papa et maman se connaissent depuis longtemps parce que, quand même, on est obligé de se frotter un peu. Même si on fait attention.

– Salomé, tu as pensé à renvoyer les papiers pour ta colo ?

Maman s'inquiète toujours un peu de me voir seule toute la journée. Je suis sûre qu'elle croit que je lui en veux d'être si souvent absente.

– T'inquiète, j'ai même fait peser l'enveloppe.

– Parfait.

Sur ce coup-là, je n'ai pas été très réglo parce que, en fait, je n'ai rien envoyé du tout. Pas question de partir en colo ! C'est bon pour les gamines. Ça, c'est le côté scout de papa et maman. Ils sont tellement certains que « le-grand-air-me-ferale-plus-grand-bien » qu'ils me font le coup à chaque été. Jusqu'ici, j'avais toujours réussi à leur faire oublier leurs menaces mais là, maman avait été la plus rapide. Impossible d'esquiver. Le dossier d'inscription est resté longtemps sur le buffet, le numéro de téléphone scotché en gros sur le frigo, bref j'étais bonne pour la guillotine. Heureusement, parfois, ça a du bon d'avoir des parents trop pressés. Quand ils rentrent, il est quatre heures du matin, c'est un peu tôt pour déranger les gens. Ensuite ils dorment une bonne partie de la journée, alors...

Pendant que papa lui accrochait ses ailes, maman a marmonné.

– Ah ! je sais pas ce que j'ai ce soir, mais je suis nerveuse.

– Tu n'as pas assez mangé, c'est tout.

– Je vais te chercher quelque chose, j'ai dit.

– Non, non, ça va passer. Si je mange maintenant, ton père ne pourra pas me porter tout à l'heure !

Je les ai embrassés fort. Je leur ai dit un « merde » pour la route et j'ai disparu.

La salle s'assombrit. Je n'aime pas ça, j'ai l'impression d'étouffer. J'aimerais un jour qu'on me laisse la lumière pour regarder un spectacle. Franchement, ça coûterait pas beaucoup plus cher.

Le rideau en velours bleu est toujours fermé et pourtant les spectateurs ont commencé d'applaudir. C'est débile. Applaudir un rideau bleu, faut le faire ! C'est drôle comme tout à coup la salle entière a frissonné. Au balcon, c'est à qui se penchera le plus pour s'approcher de la scène. Devant nous, deux petits messieurs astiquent leurs lunettes avec un coin de mouchoir pour y voir plus clair. Et je ne me retourne pas pour voir ce qui se passe derrière mais rien qu'à entendre, c'est l'effervescence.

Seule grand-mère Luce reste imperturbable, les deux mains sur sa canne plantée dans le sol. Avec Maël on se regarde. On a des sueurs froides tout le long du dos. Mon cœur s'accélère et la musique du final commence.

Sans mentir, j'attends qu'un oiseau géant crève le plafond, m'agrippe et m'entraîne loin. J'ai mal au ventre. C'est idiot parce que je sais que maman et papa seront géniaux comme tous les soirs. Mais justement ce n'est pas un soir comme un autre.

Le rideau coulisse, ondule, pareil aux remous d'une vague calme, et dans la fissure qui s'agrandit, on entrevoit la scène.

L'escalier, le tapis bleu, l'eau qui semble jaillir de terre comme la mer Rouge, une pluie d'étincelles, un nuage de fumée et... maman.

Je n'ai pas envie de raconter le spectacle. Il faut venir le voir. En revanche, sur les yeux de Luce, là il y a des choses à dire.

Au départ, rien. Je veux dire que son regard était normal, presque un regard de professionnelle, comme s'il fallait mettre une note à la fin de la représentation. Puis, la musique aidant, le corps de Luce s'est détendu, un peu, son front s'est défroissé et son visage a perdu bientôt sa sévérité. C'était gagné.

L'ovation a duré une éternité, au moins dix minutes. La foule en délire, mieux que pour un concert de Céline Dion. Tout le monde s'est resservi du champagne pour cause de gorge sèche. Un dernier verre pour emporter un peu de l'euphorie de la fête.

– Pourquoi tu m'emmènes pas plus souvent ? m'a demandé Maël. Ce genre de danse ça me botte...

Puis, se souvenant de Luce :

– ... aussi.

Grand-mère justement n'avait pas relevé la nuance du cousin. Elle fixait le pommeau de sa canne. C'est tout.

Bien sûr, je me doutais bien qu'elle n'allait pas sauter sur la table pour me chanter un air d'opéra, Luce ne fait jamais ça, mais j'espérais au moins qu'elle aurait un petit mot de conclusion. Mais rien.

J'ai soufflé, ostensiblement, en y mettant tout ce que j'avais sur le cœur. Bon sang ! fallait être drôlement bornée pour se refermer comme ça, fallait être drôlement têtue pour ne pas admettre qu'elle était émue.

Je les ai plantés là, sans me retourner. Je suis allée chercher un peu de la chaleur des îles auprès d'Adrien.

– Eh bien, t'as avalé une noix de coco de travers ou quoi ?

– Pff, y en a marre. Ras le bol. Tu parles d'un anniversaire, c'est sinistre.

– Pourtant ils ont assuré. J'ai cru que ta mère, elle allait carrément s'envoler quand ton père l'a soulevée. Dis donc c'est du costaud, hein ! Pas du biceps de mollusque ça ! Remarque moi, avec le shaker...

Mais Adrien a bien compris que plus rien ne me ferait rire ce soir.

Maël et grand-mère sont arrivés. Je n'ai pas souri.

– Je ramène Luce chez elle.

– Bon anniversaire ma douce. On en parlera plus tard. Pas ce soir.

Il est tard. Le cabaret se vide peu à peu. Je ne bouge pas. Je me sens lourde.

– À ta place, je n'en ferais pas une montagne. Tu veux un autre Coca ?

– C'était important pour moi, tu sais. Elle pouvait au moins attendre de leur dire bonjour.

La musique bourdonne encore à mes oreilles. Il n'y a plus de bruit à la *Pierre bleue*, seulement ceux de la nuit. Maintenant, il faut que papa et maman arrivent vite.

Ce soir la troupe était en forme. Peut-être le meilleur show depuis longtemps. Les bons articles vont inonder la presse dès demain matin. Parce que la Pierre bleue *est une maison réputée, parce que le Tout-Paris est toujours au rendez-vous, parce que, après deux bouteilles de champagne offertes, les journalistes sont prêts à vous mettre sur un piédestal dans le palmarès des cabarets.*

Seulement, derrière le rideau, le spectacle n'est pas terminé. Un final supplémentaire. Du jamais vu. De la haute voltige.

Le crime parfait.

Bon sang, je ne dois pas trembler.

3

Le cri a retenti jusque dans les cintres. Tout près de Dieu. Il y eut un long silence puis le cabaret tout entier a déboulé sur le plateau, près de Dalila, enfin, près du corps de Dalila.

Elle est allongée sur la dernière marche de l'escalier, la tête renversée en arrière comme pour respirer. Peut-être à cause de Théodore autour de son cou. Théo, c'est le plus jeune des serpents de Dalila. Un bébé boa d'un mètre cinquante environ tout droit venu d'Amérique du Sud. Tu parles d'un col roulé.

C'est bizarre, mais la seule image que j'ai retenue en la voyant comme ça, là, le corps presque démonté, c'est la beauté de sa peau noire sur l'étoffe bleue de l'escalier.

Paul, un machiniste arrivé le premier, s'est écrié pour rassurer la troupe :

– Elle respire encore.

Ce devait être un faible souffle parce que, de l'endroit où je me trouvais, j'aurais juré que Dalila avait rejoint le paradis des danseuses.

Maman m'a serrée dans ses bras. D'un revers de coude, Adrien nous a bousculés pour s'approcher et là, dans ses yeux, j'ai compris que c'était grave.

Des accidents, on croit en avoir vu des

centaines, que c'est presque banal et quotidien, mais une image de télé, ça ne peut pas rendre l'atmosphère étouffante qui règne autour du corps inanimé d'une vraie personne, quelqu'un qu'on connaît. Comme l'impression d'être enterré vivant, d'avoir de la terre humide et chaude qui nous pénètre tout entier et nous bloque.

Mon corps à moi, il ne m'obéit plus. Mon cerveau ne m'entend pas. J'aimerais fermer mes paupières, détourner mon regard, partir. Je suis tétanisée. C'est atroce. Papa me tire à lui pour laisser passer les pompiers.

Dalila est inconsciente. Presque morte. Avec délicatesse, les hommes desserrent le serpent enroulé autour de sa gorge. Il glisse un peu entre leurs gants. Ça fait un drôle de bruit gluant.

Théodore le visqueux est mort.

D'habitude j'ai en horreur tout ce qui rampe, que ce soit les lézards ou les vers de terre, mais mine de rien, Théodore, ça me fait quelque chose.

– Refroidir un serpent, c'est un comble ! lance Jean-Guy avec un petit rire suffisant.

Il n'a jamais aimé les serpents de Dalila. Forcément, c'est un dresseur de souris. Il en a une dizaine dans son numéro, peut-être plus. Rien que des blanches à queue rose. Elles savent tout faire, sauter à travers un petit cerceau en feu, jouer des claquettes, sortir d'un labyrinthe de pinces à linge en moins de trente secondes et le tout en évitant les tapettes... mais les serpents, c'est une autre histoire.

Une fois, je me souviens, Jean-Guy courait à travers le cabaret dans tous les sens. Il soulevait tous les bouts de décors qui traînaient sur son passage. Dire qu'il était d'une humeur massacrante, ce n'est pas un scoop, presque un pléonasme. Bref, il gueulait dans les couloirs que si on ne lui rapportait pas la cage tout de suite il faisait tout sauter. C'est ce qu'il a dit, tout sauter. C'était au 1er avril de l'année dernière. Moi, je la trouvais plutôt drôle notre blague. Bien sûr qu'on voulait pas que les serpents bouffent toutes crues ses souris blanches mais quand Jean-Guy a retrouvé la fameuse cage dans la loge de Dalila, juste à côté du vivarium grouillant, et nous pliés en douze, ça ne lui a pas franchement redonné le sourire.

– Que des imbéciles, une bande de morveux irresponsables, même pas des professionnels...

La loge étant petite, on prenait tout dans les oreilles en plus des postillons. Depuis, « Souris Man », comme on l'appelle discrètement, ne nous a jamais pardonné. Sans mentir, il se la joue un peu trop parano des fois. Tellement persuadé de découvrir des serpents dans ses chaussettes avant de monter sur scène...

Mais la plus embêtée dans cette affaire, c'était Dalila. Il n'y a pas plus gentil que Dalila. Mais attention, de la vraie gentillesse, pas celle qu'on donne à contrecœur parce qu'on est obligé ou hypocrite. Ça lui avait valu une petite visite dans le bureau du haut, celui tout en verre qui surplombe la salle. Dalila y était restée plus d'une heure et, aux dires des autres danseuses, M. Rabier le régisseur lui avait passé un sacré savon. Personne ne connaît les mots qu'il a pu lui dire mais notre petite blague avait sérieusement terni le sourire de Dalila. C'est exactement à ce moment qu'elle s'était rapprochée d'Adrien.

Il fait trop chaud. Les projecteurs, tous allumés pour faciliter les premiers soins, ont transformé le plateau en un vrai four à micro-ondes. Bien ensemble, les ambulanciers ont fait glisser la civière sous la danseuse. On s'est tous écartés pour laisser passer le cortège. Quant à Théodore, ce sont les pompiers qui se sont occupés de lui. Un grand sac-poubelle. Autant dire qu'un serpent est un assassin de premier choix, un étrangleur sans complexe. Les marques sur le cou de Dalila ne trompent pas, Théo a dû serrer vraiment fort... Un collier violet.

– Je t'avais dit que ce n'est pas un endroit à fréquenter.

Même au fond de la plus grande torpeur, je reconnaîtrais la voix de Luce.

– Mais vous n'êtes pas encore partis ?

J'ai les yeux qui me brûlent. Elle est revenue pour qu'on sache qu'elle était là.

– Disons que Maël m'a dit des choses... « Pour Salomé, cette soirée c'était comme un lancement d'Ariane, fallait pas que ça rate. »

Maël a juste soulevé les épaules. C'est alors que maman et papa, affairés à répondre aux questions des gendarmes, ont croisé Luce. La chaleur est retombée aussitôt.

– Qu'est-ce que tu fais là ? s'est étonnée sèchement maman.

– Vous remplacez Columbo ? a continué papa.

Mais Luce est une grand-mère exigeante qui ne répond que lorsque les questions lui conviennent.

– C'est moi qui lui ai demandé de venir, pour mon anniversaire.

Là, maman s'est emportée, comme jamais auparavant.

– Et tu ne pouvais pas nous prévenir, me demander mon avis ? Mais bon sang, quand est-ce que tu vas grandir un peu ? Arrête de n'en faire qu'à ta tête, de tout ramener toujours à toi ? Rentre à la maison Salomé, on reparlera de ça plus tard.

– Et mes treize ans, on en reparlera l'année prochaine ?

Il n'y aura pas de fête.

J'ai sauté de la scène. Autour, personne n'avait trop fait attention à nous. De toute façon, pour tout le monde il était préférable que je ne reste pas là, trop jeune. Maël, en bon cousin samaritain, m'a rejointe près du vestiaire. Je suis secouée de sanglots, anéantie.

– Ils sont tous sur les nerfs. C'est peut-être pas le moment avec la danseuse…

– Oui, mais c'est dégueulasse, pourquoi ça tombe ce soir ? Pourquoi ça arrive à Dalila ?

– Parce que... parce qu'une souris blanche ça peut difficilement étrangler son maître.

Malgré les hoquets, j'ai souri. Luce est arrivée à petits pas, calme face aux événements. Décidément, elle était trop difficile à émouvoir. Je suis allée chercher mes affaires dans la loge des parents. Au sous-sol, on aurait dit que tout le cabaret avait des problèmes de chaussures, tous ceux que j'ai croisés regardaient leurs lacets avec insistance sans jamais relever la tête. C'était un coup dur qui venait d'arriver et chacun en prenait une partie sur ses épaules.

Luce, Maël et moi sommes montés dans le taxi sans rien dire. Le matin n'était maintenant plus très loin, mais dans Paris on s'amusait encore. Il faisait bon entre l'été et la pollution.

En me couchant, j'ai dû rester éveillée quelques minutes, j'ai entendu Maël se brosser les dents, j'ai pensé à Adrien et aux fauteuils des hôpitaux qui sont trop inconfortables pour trouver le sommeil et puis... plus rien.

Je ne l'ai pas poussée.

Elle est... elle est tombée toute seule. C'est vrai.

Oui, c'est ça, elle est tombée toute seule, à cause de ses talons sur la moquette.

Mes gants sur son cou... Non, Théodore sur son cou...

Heureusement que ce serpent est mort, écrasé contre l'escalier, il ne pourra rien dire.

C'était le seul témoin.

4

Enfoncée dans son fauteuil, la souris regarde tranquillement la télévision. Une émission terrible sur une page sanglante de l'histoire des rongeurs, la grande dératisation de 1940.

Elle plonge une patte dans le bol de blé soufflé, monte le son et s'indigne de tant de barbarie.

Elle ne se méfie pas.

Alors que dans son dos, lentement, très lentement, par reptation, il s'approche. Il savoure déjà sa proie du bout de sa langue radar. Celle-ci ou une autre, ça n'a pas d'importance, pourvu que ça lui comble l'estomac. Et puis, tout va très vite, le boa se jette sur elle, les yeux injectés de sang froid. Il l'enlace avec amour, par amour des bonnes choses.

Ça ne fait aucun bruit. Peut-être une petite vertèbre ou deux qui cèdent sous la pression du câlin, mais ça n'a pas d'importance, le son de la télévision couvre les cris étouffés de la souris. Les voisins n'ont rien entendu. Le crime est parfait.

C'est l'odeur de café qui m'a réveillée.

Un parfum qui ne flottait plus dans la maison depuis une éternité. Ça voulait dire que papa et maman étaient là, dans la cuisine, qu'ils n'étaient pas pressés et qu'ils n'iraient peut-être pas travailler aujourd'hui. Alors je suis restée un peu sous ma couette.

Ma nuit a été suffisamment mouvementée pour que je me repose enfin. Jusque tard dans la matinée, mes paupières ont abrité une bataille mémorable, un truc à vous faire vomir de peur. Il y avait des souris et des serpents partout, divisés en deux camps. Les serpents susurraient que ce n'était pas leur faute mais celle de la nature s'ils aimaient tant la chair des souris. Les souris, elles, crachaient entre leurs dents qu'ils pouvaient toujours retourner ramper dans leur pays plutôt que de venir manger les copines de l'Hexagone. Bref, le dialogue était impossible et la solution inévitable. Une vraie boucherie.

Jean-Guy déteste vraiment Dalila, je me suis dit. Avec ses petits yeux rapprochés, son sourire grimaçant et ses réflexions qui blessent, il m'a toujours foutu la pétoche, mais de là à tuer quelqu'un...

Maman n'a pas bronché quand je suis entrée dans la salle à manger. Elle se bat avec l'aspirateur. Elle fait juste un signe de la tête en direction de la table. Là, il y a un mot de Maël :

Salomé, puisque tu dors comme un opossum et que je n'ai plus l'âge de te sauter sur le ventre, je suis allé sur les Champs tout seul. Petit passage chez Virgin – dernier CD de Fersen sorti –, j'en ai l'eau à l'oreille! Re-bon anniversaire. Salut.

Ce n'est pas tant d'avoir été lâchée qui m'ennuie mais plutôt de me retrouver face à face avec maman.

– Tu as bien dormi ?

– Pas tellement non... des cauchemars...

– Ton père est allé courir un peu.

Et puis un ange est passé, deux, trois, une armada entière d'anges au-dessus de nos têtes comme une parade de l'armée de l'air mais le vacarme en moins. Je me suis servi un jus de pomme.

– Salomé, je sais que tu as cru bien faire. Mais ce n'est pas si simple...

Ça, j'avais plutôt bien compris !

– Il y a des choses qui se sont cassées avant et c'est pas à coups de retrouvailles surprises que tu pourras les recoller.

– Et j'ai le droit de rien savoir alors ? J'ai plus trois ans, c'est pas la peine de me faire gober n'importe quoi.

– On se calme. Tu adores ta grand-mère, c'est tant mieux, mais bon... elle m'a dit des mots un jour que je n'ai toujours pas digérés.

Alors ce n'est que ça ? Des mots ? Mais c'est débile de se faire la tête pour des mots. Cette fois, maman n'a pas voulu m'en dire plus. Je n'ai pas insisté.

Puis le téléphone m'a fait sursauter. Maman décroche.

– Oui ?... Oh merde !... Je sais, ça ne veut rien dire mais quand même... Oui, oui, on attend. D'accord, à ce soir, je te remercie.

Des nouvelles de Dalila. Maman a blêmi tout le long de sa courte conversation. J'ai pensé que pour la première fois la souris avait peut-être englouti le serpent. Et là, toute ma peur est remontée, je me suis réfugiée dans les bras de maman.

– Elle est morte ?

– Non, mais cette nuit, Dalila est tombée dans le coma et depuis, il n'y a aucune évolution. C'était Marie-Paule, à sept heures la direction organise une réunion pour tous les membres du cabaret et puis elle a des retouches à faire sur mon nouveau costume.

La porte de l'entrée a claqué violemment et juste dans l'encoignure du chambranle j'ai vu flotter la tête de Thomas Fersen.

– Bingo !

La pièce devait sentir le malaise. Maël s'est arrêté net.

Dans ma chambre, c'est un vrai foutoir. J'écarte tout du pied et ouvre miraculeusement une route jusqu'au Velux. Encore quelques pas et je marcherais sur ceux de Moïse en personne. Maël fait des tours sur ma chaise d'ordinateur.

– Je ne crois pas que Jean-Guy ait assez de cou... de culot pour assassiner Dalila. Et puis, c'est pas en faisant des suppositions qu'on la fera sortir de son coma.

– J'dis pas mais tu me feras pas croire non plus que Théodore a étranglé sa maîtresse et s'est suicidé après.

– Pfff ! De toute façon, dans les bouquins le meurtrier n'est jamais celui auquel on pense.

– C'est plutôt maigre comme piste !

– Forcément, tu lis jamais.

Je ne réponds pas à cette accusation mensongère. Maël dévore les livres, moi je les déguste. Et puis c'est écrit trop petit, c'est un coup à se bousiller les yeux.

Ce soir, avec Maël on a décidé de se rendre au cabaret pour la réunion, histoire de voir quand même si « Souris Man » a la conscience tranquille. Côté conscience, il n'y a pas trente-six solutions : bonne ou mauvaise. Deux petites voix qui ne se font pas beaucoup entendre mais qui peuvent te tarabuster le cerveau à mort.

Mes mains tremblent un peu.

Il faut faire attention. Après le regard, ce sont les mains les premières traîtresses. J'ai la bouche en sang à force de me mordre l'intérieur des lèvres.

C'est trop tard pour regretter et jusqu'ici il faut bien avouer que tout marche à merveille.

Aussi bien réglé qu'un ballet d'opéra.

5

Rabier ne plaisante pas. Surtout quand on met à mal son bureau bien rangé, qu'on fouille dans ses petits dossiers, qu'on retourne ses tiroirs, qu'on éparpille sur le sol ses photos-souvenirs et qu'on tague en gros sur la baie vitrée : *Le raciste du show-biz!*

Autant dire que la réunion de famille ne commence pas sous les meilleurs auspices. Pourtant, de Danielle, l'ouvreuse, jusqu'à Sophia la meneuse de revue, chaque membre du cabaret s'est trouvé un strapontin côté salle. Avec Maël, nous sommes blottis contre le bar, derrière tout le monde. Il me fait remarquer, d'ailleurs, qu'Adrien n'est pas là. En revanche, Jean-Guy jubile. Le rideau bleu est ouvert et la scène éclairée d'une simple lumière blanche et diaphane.

Là, juché sur un petit tabouret pour compenser son un mètre soixante, Rabier contient sa colère sous ses moustaches. Il parle d'un ton sec.

– Bien, tout le monde est là ? Vous m'entendez correctement ? Bon. À vrai dire je ne sais vraiment pas quoi penser de ce qui est arrivé. Des mots simplement me viennent à l'esprit : odieux, injuste, condamnable...

Il nous regarde les uns après les autres en soulignant chacun de ces mots pour qu'ils prennent tout leur sens. Mais nous, on est entièrement d'accord avec lui. Dalila ne méritait pas ça.

– Mon bureau saccagé, c'est un peu de ma vie que l'on m'a pris...

Coup de poing dans l'estomac.

Silence de mort subite.

Son bureau, bien sûr...

– Mais je trouverai l'auteur de cette agression en temps et en heure. Comme vous, je suis naturellement bouleversé par ce qui est arrivé à Doussia (le vrai prénom de Dalila). Elle n'était pas seulement une excellente danseuse mais elle savait aussi bien charmer le serpent que le spectateur.

Tout est écrit sur son papier froissé mais pourquoi parler de Dalila à l'imparfait ?

– Notre peine est grande mais je vous invite à garder votre calme durant le déroulement de l'enquête. Vous serez sans doute amenés à témoigner, si ce n'est déjà fait, aussi je vous demande de rester discrets. Les journalistes ne se priveront pas pour éclabousser notre établissement au moindre écart de conduite.

Pour moi, l'écart de conduite, c'est plutôt de penser à son image de marque avant de s'intéresser aux hommes et aux femmes qui vivent ici, pour ce lieu.

– Vous comprendrez aisément que le spectacle ne peut pas, ne doit pas s'arrêter. Doussia ne l'aurait pas permis.

Pour l'instant, elle s'en fout, j'ai pensé. Elle est en train de se battre pour se réveiller.

– Et puis la salle est réservée pour tout l'été. Nous attendons deux cars pleins pour demain soir. Le comité d'entreprise d'une coutellerie du Jura.

Forcément... Un brouhaha s'est élevé dans la salle. Boris, le chorégraphe, s'est penché vers Rabier. Trois mots échangés, un signe de tête en guise d'acceptation et Rabier a repris la barre.

– Un peu de silence, je vous prie. Nous avons recruté quelqu'un d'autre pour compenser l'absence de Doussia et assurer l'intérim.

Un jeune homme monte sur la scène, souriant et délicat. Je ne lui donne pas vingt-cinq ans.

– Merci d'accueillir chaleureusement Danny dans la famille de la *Pierre bleue*. Il fera tous les soirs à vos côtés un numéro de magie qui sera le lien entre le tableau Sahara et le tableau chinois.

La place de Dalila donc. Personne ne pouvait en vouloir à ce Danny. Il n'avait pas forcément le beau rôle. Mais bon, il dansera moins bien qu'elle, c'est sûr !

Comme par magie, Rabier a disparu. Très fort ce magicien ! Boris, lui, s'est éclipsé côté jardin pour rejoindre les loges plus rapidement.

Boris doit être triste, j'imagine. Dernièrement, Adrien m'a raconté que c'est lui qui a découvert Dalila à Dakar lors d'une tournée au Sénégal. L'histoire n'est pas très originale. Elle dansait dans les rues de la ville, mendiait pour vivre et faire manger sa famille. Boris est tombé sous le charme. Il a tout fait pour l'intégrer dans sa troupe et la faire venir en France en toute légalité. C'était il y a six ans. Boris lui a tout appris de Paris et de la danse ici. Depuis, elle n'a jamais quitté le spectacle de la *Pierre bleue*.

Mine de rien, personne n'a bougé de sa place. Sauf moi, parce que les tabourets hauts ça fait un de ces mal aux fesses ! Maël de son côté drague Linda, une danseuse hollandaise toute en jambes et en seins. Des seins qui s'étaient visiblement figés dans sa caboche au point de lui en faire oublier la platitude des crêpes bretonnes. Là, je ne peux pas concurrencer. Bref, je me suis mise à flâner, l'oreille un peu plus tendue que d'habitude.

– Tu parles, a dit Allie l'Australienne, il n'est même pas descendu quand on a retrouvé Dalila. Je l'ai vu, ce salaud, il regarde la scène de sa vigie en haut. Quoi, faut pas se salir les mains, hein ?

Je me dirige vers papa et maman. Ils sont avec Marie-Paule, l'habilleuse en chef. C'est une vieille dame toute ronde qui passe sa vie le mètre autour du cou. Elle s'occupe de « ses filles », comme elle dit, avec beaucoup de tendresse même si elle ressemble à un hérisson avec ses pique-aiguilles ! Ils ne m'ont pas vue arriver.

– Non, elle n'est pas tombée toute seule, mais tu ne le répètes à pers... Salomé, ma chérie ! Tu vas voir comme tes parents seront beaux demain soir, splendides ! J'ai terminé les costumes des oiseaux-lyres juste à temps. Bon, c'est pas tout ça, mais les répétitions commencent dans moins d'une heure.

Marie-Paule claque dans ses petites mains ridées et, comme une rangée d'enfants disciplinés après la récré, tous les danseurs et danseuses la suivent vers les coulisses.

– Maël... Maël, on se réveille, les seins se sont envolés...

– Quoi ? dit-il, redescendu du Paradis.

– Tu ne le répètes à personne, mais on a poussé Dalila.

– Qu'est-ce que tu baragouines ?

– On a voulu l'assassiner. C'est assez clair ?

– Putain !

– J'te le fais pas dire.

Surtout ne croiser personne.

Paraître bouleversé sans trop en faire. À vrai dire, ce ne sera pas difficile de composer, je me sens mal. C'est le paradoxe du tueur amateur. On s'attache à sa proie. Bah ! Trop sensible.

C'est drôle, la brigade criminelle ne fouille pas plus que ça autour de l'affaire. À croire que dans le music-hall, tout semble pouvoir arriver. Une chance.

6

Maël, profondément bouleversé par la nouvelle, a préféré changer d'air. Visite exhaustive des dessous du cabaret et de ceux de Linda par la même occasion. La Bretagne conquérante !

Je ne suis pas du genre à démoraliser les gens mais il faudra quand même que je lui explique que, souvent, les danseuses ne restent pas ici. Elles passent. Un contrat de dix mois tout au plus. Après, elles migrent vers des projecteurs plus chauds.

Un bruit. Je me retourne. Plus loin, le bar est dans la pénombre. Une silhouette d'abord informe se profile derrière le comptoir. Un bras démesuré empoigne une bouteille, la décapsule et se verse un verre.

Je plisse les yeux. Je me rapproche.

Adrien est là, livide, les yeux cernés, sans bonne humeur. Le résultat de vingt-quatre heures de veille.

– Salut !

Pas de réponse.

– On pense fort à toi, tu sais.

Adrien me regarde, hagard. Pas de respiration. Lobotomie complète. Il n'est pas là.

Il tient son verre à deux mains. Le verre le tient debout. Comme pour ne pas disparaître, englouti sous les ténèbres du comptoir. Elle est loin la chaleur des îles. Je me sens mal.

– Hé oh ?

Adrien rit. Je souris machinalement. Il rit mauvais, diabolique même. Il est trempé sous les yeux, sur les joues mais il ricane toujours. C'est effrayant.

– Bien sûr que non...

Sa voix est sans timbre. Plus d'accent.

– Bien sûr que non quoi ?

– ... Les salauds ça ne meurt pas.

Il est fou. Pas besoin d'avoir un entonnoir sur la tête pour être fou. En tout cas, ce n'est pas Adrien.

– C'est toi pour le bureau de Rabier ?

Adrien se fige, détourne le regard. Souffle par à-coups comme pour s'empêcher de vomir.

– Oh ! Salomé...

Les sanglots. Les vrais. Toute l'eau d'une peine immense. Qu'est-ce qu'on fait dans ces cas-là, quand un adulte vous pleure dans les bras ?

Maël ne revient pas. J'aimerais que tout

s'arrête. Tout de suite. Allez, c'est ça aussi la magie du spectacle.

Adrien revient à lui, épuisé. Il s'est écoulé un temps fou. Personne pour venir nous déranger. Adrien relève la tête.

– Tu sais Salomé, c'est un cauchemar. Ça dépasse tout ce que tu peux imaginer. Cet homme, c'est le diable en costard-cravate.

– Comment tu peux en être sûr ?

– Des menaces, tout le temps...

Adrien murmure.

– « Des filles plus belles que toi, il y en a des milliers de par le monde. Elles se mettent à pleurer dans les castings pour qu'on les prenne. Alors me fais pas chier avec tes caprices de star. » C'est ce qu'il lui a dit quand elle a voulu arrêter les serpents pour danser avec les autres.

– Mais pourquoi raciste ?

– Je sais, c'est bête mais Dalila est la seule femme noire du spectacle. Pour « le quota, l'exotisme et Boris », sans quoi...

Prévenir la police, il n'y avait que ça à faire.

– Pas tant que Doussia n'est pas réveillée.

Adrien me fait confiance. Treize ans pourtant, ça ne porte pas chance.

– Viens avec moi...

Il m'a conduite à l'hôpital. J'ai commencé à avoir froid. Un labyrinthe de couloirs blancs, l'impression glacée d'être prisonnière de la banquise. Adrien pousse la porte, je glisse un œil. Doussia est étendue. Une beauté endormie. Noire de nuit. Les paupières closes. Il y a des barrières bien fixées sur chacun des bords du lit, pour qu'elle ne tombe pas comme une petite fille, pour la retenir, pour ne pas qu'elle s'enfuie. Pour qu'elle ne se réveille pas, j'ai pensé.

– Tu ne trouves pas que ces bandages, ces compresses, ces cathéters c'est un peu... les paillettes de l'hôpital ?

Je ne trouve pas. Adrien ne sait pas quoi dire. Je m'approche.

Un gros tube sort de la gorge de Doussia.

– C'est la trachéotomie. Théodore a serré vraiment fort.

J'ai envie de faire un saut à Marrakech, de ramener dans mes valises un autre charmeur de serpents pour que sa musique fasse se lever Doussia. Là, à ses côtés, c'est comme si elle faisait partie de ma famille. Ça coule pareil dans nos veines.

Les cauchemars n'étaient pas prévus.

Plus envie de dormir. Peur de m'endormir. Cette énorme plante carnivore qui n'en finit pas de pousser au pied du lit et qui m'engloutit au petit matin, ça doit bien vouloir dire quelque chose tout de même. Le médecin a dit que les gens de ce métier étaient plus réceptifs au stress occasionné par une absence d'horaires fixes. C'est peut-être aussi comme ça quand on a voulu tuer quelqu'un ?

Et cette obligation d'aller à l'hôpital. Et cette peur qu'elle se réveille, ouvre les yeux, croise mon regard, me reconnaisse.

C'est à vous couper l'appétit en plus du sommeil.

7

Il y a goûter chez Luce. Maël et moi passons par le quai de la Mégisserie pour aller plus vite.

Les animaux en cage nous regardent avec ce petit air du « dis, tu m'adoptes ? » C'est dégoûtant. Un jour, j'ouvrirai toutes les grilles !

Cent dix personnes travaillent au cabaret. Un village entre quatre murs. Un monde à part luxueux où l'on vient chercher de la lumière. Ce n'est pas rien. Surtout lorsque, pour un interrogatoire, tout le monde est suspecté. Doussia est une victime. Tentative d'homicide par strangulation. C'est ce que les gendarmes ont affirmé. Cent dix personnes et personne n'a rien vu. Durant les jours qui ont suivi le drame, ce fut la valse des questions. En plus, maintenant, il y a double enquête. Parce que, même si son bureau est à nouveau en ordre, Rabier n'est pas près d'avaler la pilule. Rien n'a été volé. Mais cette inscription... *Le raciste du showbiz.* Je commence à comprendre ce qu'a ressenti maman, un mot c'est dangereux.

L'état de Doussia est stationnaire. Maël s'est joint à nous pour venir la voir. Papa et maman ne disent trop rien mais ils voient bien que ça nous secoue à l'intérieur et leur lubie de la colonie de vacances bienfaitrice se renforce de jour en jour.

– Doussia gagne cinq mille francs par mois. Elle en envoie trois mille à sa famille au Sénégal.

– Impossible. Tu ne peux même pas vivre trois semaines à Paris avec deux mille francs.

Maël se balance sur la chaise XVIIIe de Luce qui a horreur de ça.

– C'est Boris qui paie le reste.

– Drôlement sympa !

– Il doit se sentir redevable de quelque chose.

– Non, c'est comme s'il l'avait adoptée. De l'argent de poche...

On sursaute. Les pas de Luce sur la peau de mouton n'ont pas fait de bruit.

– Maël, veux-tu aller chercher le plateau, je n'y arrive pas moi-même.

Il se lève.

– Vous parliez encore de l'affaire de la danseuse ?

– De Doussia... Oui. De quoi tu veux qu'on parle ?

J'ai répondu sèchement, sans réfléchir. Son côté froid que j'aimais m'agace. Même le thé au citron a un drôle de goût.

– Tes parents ont beaucoup de technique, c'est important.

Petit mot lâché entre deux gorgées. Je suis désarçonnée.

Nous avons couru pour rentrer.

– Salomé, c'est bizarre tout de même, aucune nouvelle de la colonie, non ?

Maman me regarde. C'est vrai, c'est bizarre...

– Ils sont peut-être au complet...

Ce soir-là, il y a foule à la *Pierre bleue*. Je veux dire encore plus que d'habitude.

– Tu vois, c'est comme au cirque, les spectateurs n'attendent qu'une seule chose : que le funambule s'écrase au sol.

Avec Maël, nous avons suivi les parents jusqu'à l'entrée des artistes. J'ai l'impression que le temps a changé. Ma petite robe ne me protège plus du froid.

Nous nous engouffrons dans le long couloir qui mène aux loges. Les ampoules dans notre dos allongent nos ombres démesurément.

Les filles sont là, au bout dans le corridor, empailletées jusqu'au cou. Ça braille, ça papote, une vraie volière. Qu'est-ce qu'il reste de Doussia dans leur mémoire ?

Soudain, Rabier débouche. Des veines d'agacement marquent son front trop grand. Il bafouille.

– Non, je... je ne veux pas de ces enfants dans les coulisses.

– Mais vous savez qu'ils sont discrets, répond maman.

– Bien sûr, presque autant que des fouines...

– Enfin...

– C'est tout. Je ne le répéterai pas.

Puis il a fait volte-face pour retourner dans son bureau.

Incompréhensible.

– Vous feriez mieux de regagner la salle, a ajouté papa, tout le monde est sur les nerfs ces derniers temps.

Ça m'a étonnée qu'ils soient si conciliants.

Adrien est à son poste, concentré. Il tente un sourire.

– Vous savez, c'est sympa de m'accompagner à l'hôpital. Un sac trop lourd, c'est plus facile à porter quand on est plusieurs.

– Comme les lutins du Père Noël.

– Quoi ?

– Sans les lutins, le Père Noël ne pourrait jamais transporter tous les cadeaux...

En une fraction de seconde, Maël décèle dans le blanc de nos yeux un quelque chose qui ressemble comme deux gouttes d'eau à de la stupéfaction. Il bafouille, toussote et lève les yeux au ciel.

– Pas grave...

Et le spectacle commence. Rien n'a changé. Il y a bien un lapin dans le chapeau de Danny le magicien, quelques colombes aussi mais pas de souris. Ça c'est le domaine réservé de Jean-Guy ! Les spectateurs applaudissent. Ils ne s'intéressent qu'aux filles nues, pas à celles qui luttent dans les hôpitaux. Pourtant, Rabier est monté sur scène avant le début du ballet pour dédier cette soirée à Doussia.

Adrien a détourné la tête.

– Tu parles, tout ça c'est pour les journalistes et les policiers qui sont dans la salle. Du cinéma...

Franchement, à ce moment, j'ai bien cru ne jamais revoir son sourire chaud.

C'est à la fin du tableau grec que j'ai décidé de voyager un peu. Un peu vers le bas. À quoi ça ressemble des loges vides ?

Personne ne me voit, pas même Maël qui regarde danser Linda ! La musique au-dessus de ma tête rythme ma descente. Ici, c'est comme si une tornade était passée, avait tout chamboulé. Sans mentir, c'est encore plus le bazar que dans ma chambre ! Il y a des habits qui traînent dans tous les coins, des chaussures, des sacs à dos, et ça sent drôlement la cocotte !

J'avance en faisant attention de ne pas trébucher.

Quand soudain, j'entends comme un bruit de verre cassé qui résonne, se cogne sur le béton du plafond et se perd dans les couloirs.

Je m'approche de la loge douze, celle de Doussia. Personne ne l'occupe plus. Il y a toujours les serpents, il faut que la SPA passe mais d'ici là la loge douze est en quarantaine.

La porte est entrouverte. Une faible lueur s'échappe de l'intérieur, comme une lampe de poche. Il y a une ombre que la lumière fait vaciller. Ce doit être la femme de ménage, c'est ça oui, elle doit passer le balai. Elle a peut-être fait tomber un verre qui traînait... À moins que ce ne soit... Jean-Guy. « Souris Man » revient sur les lieux de son crime. Il taquine les derniers serpents. Peut-être veut-il les tuer aussi. Un serpent mort ne mange plus de souris, c'est sûr... Ou... Marie-Paule... En tant que costumière elle récupère peut-être le costume de Doussia... Ou... Rabier. C'est le patron, il peut se promener partout. Pourquoi il ne voulait pas de nous dans les loges ?

La réponse me saute au visage en même temps que la porte s'ouvre complètement : Boris !

– Qu'est-ce que tu fais là ?

– Rien. J'attends mes parents...

– Ils sont en scène pour l'instant, tu ferais mieux de remonter. Monsieur Rabier n'aime pas tellement que tu traînes dans les parages quand il n'y a personne.

– Mais je ne traîne pas, j'attends mes parents.

Boris s'énerve. Il m'empoigne le bras pour m'emmener plus loin. Je me débats un peu pour qu'il lâche prise.

– Aïe ! Arrête, tu me fais mal.

Alors, deux gants en caoutchouc épais tombent de derrière son dos. Nerveusement, Boris les ramassent et cherche tant bien que mal à les dissimuler.

Il me fusille du regard.

Je ne lis pas beaucoup, c'est vrai, mais je connais quand même le Petit Chaperon rouge. C'est à ce moment-là que le loup lui saute dessus pour le dévorer.

Les yeux pleins de rage, il me tire à lui, m'enfourne dans la loge douze et referme la porte. Il lâche ses gants. Boris a perdu toute sa timidité. Il tape du poing sur l'un des vivariums.

– Bordel, mais pourquoi y a toujours un gamin qui fait tout capoter comme dans les romans policiers ?

Je ne dis rien.

– Ça vous amuse ? Enfin, à treize ans y a d'autres choses à faire que de traîner dans les pattes des grands !

Il tremble. Un peu de sueur coule sur ses tempes.

– Comment tu as su ?

Je réfléchis à une vitesse folle. Ce sont mes profs qui seraient contents ! Mon cerveau est une machine à calculer, plusieurs solutions mais une seule pour rester en vie. Le problème c'est que je ne sais rien, rien du tout.

Je bluffe.

– C'est... Doussia qui me l'a dit.

Tchac ! Coup de guillotine.

Je vois la peur dans le regard de Boris, puis l'étonnement.

– Qu'est-ce que tu racontes ?... Tu dis n'importe quoi... Doussia est dans le coma... presque morte...

– Presque...

Un point pour moi.

Boris plonge nerveusement une main dans un bocal, juste à côté de moi, et en ressort un python qui crache sa colère.

– Salomé, j'adore tes parents, mais là, c'est trop grave...

Je sens que Boris s'énerve, la victoire me glisse entre les doigts. Maël, Adrien, papa, maman, Luce... quelqu'un...

Je bluffe encore.

– Elle a tout raconté à Adrien.

– Fallait pas qu'elle le fréquente, c'est à cause de lui tout ça. Sans ce foutu mariage, elle n'aurait jamais voulu son indépendance et quitter la troupe.

Boris se trahit. Je laisse couler mon imagination.

– Il y a déjà un mois que Doussia a écrit à sa famille pour leur annoncer le mariage..., qu'elle aimerait bien les revoir bientôt pour leur présenter Adrien. Mais elle savait que tu n'étais pas d'accord...

Maintenant, Boris éructe. Il fait tourner ses bras dans la petite pièce, se balance comme un aliéné, marmonne des mots incompréhensibles, on croirait presque qu'il répète une danse qu'il vient d'inventer.

– J'ai tout fait pour elle... Quand je l'ai trouvée, elle n'était rien, dans la rue... C'est pas juste... Elle est à moi...

Soudain, la musique du spectacle s'arrête. Juste quelques applaudissements à peine audibles et plus rien. Boris me regarde sans me voir. D'un coup, il jette à terre un vivarium rempli de rampants et sort, me laissant seule. Ils sifflent.

Ils ont faim.

Doussia...

Je ne pense qu'à une seule chose : sortir. Mais même en longeant les murs de la loge sans m'arrêter, je ne pourrais pas échapper aux serpents. Il y a forcément un moment où nous tomberons nez à nez. Autant ne pas bouger. C'est ça, si je ne bouge pas, si je ne respire pas, peut-être qu'ils ne me verront pas. Après tout, je n'ai rien d'une souris, je suis plus grosse qu'eux, non, presque un arbre ? Et puis zut, je n'y connais rien aux reptiles. En tout cas, ceux-là n'ont rien à voir avec du Walt Disney !

Lentement, je me hisse sur la table à maquillage. Certains serpents se dressent mais ne m'atteignent pas. Au passage, dans la glace, j'aperçois mon visage... blanc. Sûr que j'aurais besoin d'un peu de rouge aux joues. Mais ce n'est pas le moment de la rubrique beauté.

En bas, ça grouille. Le sol ondule comme un tapis roulant.

Je vais mourir.

Je hurle.

– Au secours ! Hé, y a quelqu'un bon sang ?

Je tape contre le mur. Dans mon élan, je manque de faire basculer la table.

– Au ssssss...

La porte s'ouvre. C'est Rabier ! Quelques serpents sont écrasés entre le mur et la porte. Un bruit de boue sous les pas. Je me bouche les oreilles.

– Nom de Dieu...

C'est Rabier mais tant pis, je lui saute dans les bras.

Comme si mon corps le brûlait, il me lâche aussitôt dans le couloir, je cours. Le sous-sol est interminable. Je tombe. Pas grave. À mon tour je rampe. Je monte l'escalier. Je m'égratigne les coudes. Je me cogne dans un corps... Papa !

Là, je m'effondre. Il me serre fort. Enfin les larmes...

8

L'hôpital vit au rythme des malades. L'odeur de désinfectant prend à la gorge. Rien à voir avec le parfum du dehors.

En silence, Adrien s'approche du lit de Doussia. Avec Maël, nous restons un peu en arrière.

– Salomé et Maël sont là, tu sais. Ils sont toujours là. Je ne comprends rien à rien. On ne tue pas les gens parce qu'on les aime trop... Boris a dit qu'il ne voulait pas te faire de mal, qu'il ne pensait pas serrer ton cou aussi fort, que c'est toi qui as trébuché du haut de l'escalier, toute seule. Et s'il a gardé tes papiers d'identité tout ce temps, c'est paraît-il pour que tu ne les perdes pas, qu'on ne te les vole pas, qu'on ne TE vole pas... Seulement, tu en as eu besoin pour notre mariage. Et quand la police lui a affirmé que c'était de l'esclavage, oui, de l'esclavage, il a juste marmonné : elle est à moi...

C'est peut être pour ça que « aime » et « haine » se ressemblent.

Adrien se tait, la boule dans sa gorge est devenue trop grosse et l'empêche de parler. Je fais quelques pas.

– Salut. On prend soin d'Adrien, c'est promis. Si tu le voyais, il a besoin de soleil, c'est un vrai cachet d'aspirine. Moi, j'ai eu la frousse de ma vie, mais ça va mieux. Le médecin m'a donné quelque chose. Tu me crois si je te dis que j'ai dormi deux jours entiers tellement j'étais dans les choux ? Les serpents c'est pas mon truc, trop gluants ! Là-dessus t'es la plus forte. En fait, Doussia, on est venu te dire au revoir.

Le médecin nous a dit que ce serait pour cette nuit.

Il avait raison. Le corps de Doussia était trop fatigué.

Maël et moi, nous sommes restés dans la chambre, jusqu'au bout, malgré les recommandations de papa et maman. Puis, tard dans la nuit, après longtemps de silence, la respiration de Doussia s'est accélérée. Un peu comme si elle faisait un mauvais rêve, une longue chute.

Adrien s'est levé, brusquement.
Il est sorti dans le couloir.

Il y a comme un grand vide dans ma tête.

Papa et maman ont donné leur démission cette semaine comme beaucoup d'autres danseurs de la troupe. Jean-Guy, lui, est resté. Il dit que ses souris sont trop sentimentales pour quitter les lieux. Mais la *Pierre bleue* est fermée pour l'instant. L'enseigne ne clignote plus.

Toute cette histoire a finalement chamboulé la presse. On ne parle plus que de ça à la télévision : l'« esclavage moderne », que c'est la faute des patrons, des gens riches, du gouvernement, enfin de tout le monde. Tous les jours ils passent un nouveau reportage sur les jeunes filles exploitées dans les bonnes maisons. Il paraît même que c'est le « champ de coton des esclaves d'aujourd'hui ».

Hier, Adrien a pris l'avion pour La Réunion, pour son île. Bien sûr il a promis d'écrire, de nous envoyer de la chaleur et une langouste de temps en temps. Moi, je le crois.

Ici, il fait lourd. À la maison, c'est intenable. Maintenant que papa et maman sont là tout le temps, on se marche sur les pieds, on tourne en rond. Même sur l'île Saint-Louis, les glaces n'ont pas leur meilleur goût. Alors avec Maël nous avons eu une autre idée : terminer les vacances dans la maison de Luce, à la campagne.

D'abord, maman a regardé papa, papa a regardé maman, ils ont soupiré un peu, pour le principe, mais n'ont trop rien dit, et ont juste fait les valises. Pour le reste, j'ai vite téléphoné à Luce, et voilà !

Ça n'a pas été facile d'arriver jusqu'à la maison. Les ronces faisaient un mur d'épines. Le jardin dormait, comme dans les contes. Les volets ont craqué comme du vieux bois qui aurait séché pendant des années. Mais cette odeur, pas de doute, c'était celle de la famille.

C'était drôle et triste à la fois d'être là. Drôle de tout redécouvrir, triste de ne pas être revenus avant, dans d'autres circonstances.

– Eh ben, y a du boulot avant de pouvoir dormir ici, c'est plein de bestioles.

– Quoi Maël ? Un cousin solide comme toi, tu as peur des araignées ?

– Je n'ai pas dit ça mais j'aime bien dormir seul dans mon lit.

– Mouais, sauf si c'est avec une grande Hollandaise de un mètre quatre-vingt-dix !

– Andouille...

Un premier coussin tout poussiéreux vole à travers la pièce, puis un deuxième. La guerre ne fait que commencer. Il y a plus de cinq ans de batailles de polochons à rattraper !

Dehors, Luce et les parents font le tour du propriétaire pour voir si le puits n'est pas asséché, si les hirondelles viennent toujours nicher dans la grange, si les mûres seront bonnes...

Moi, je course Maël dans tout l'étage, le coin des enfants comme dit maman. Nous descendons en trombe. Il déteste les chatouilles et ses cris doivent s'entendre au moins jusqu'à Montesquiou.

– Mais laisse-moi bon sang.

– Oh non mon Breton !

Papa me saisit au passage et me met la tête en bas.

– Treize ans et combien de kilos ?

– Juste ce qu'il faut, je réponds.

Y a pas à dire, la maison de Luce, c'est quand même mieux que la colo ! Ce soir on a décidé de manger dehors. L'herbe est fraîchement coupée, c'est un bonheur. Je crois que Luce retrouve ses vieilles habitude de maîtresse de maison.

– Vous avez sans doute besoin d'argent pour monter votre corps de ballet ?

– On dit une « troupe », grand-mère...

– Bref, je peux vous en prêter si vous voulez.

– On verra, on verra... maman.

Dans la lueur des lampes à huile, les yeux de Luce se voilent, un peu. Je suis peut-être la seule à l'avoir remarqué. Luce redécouvre sa fille.

C'est Maël qui trouble le silence.

– Vraiment Luce, ta maison, c'est comme...

La table entière explose.

– Ah, non, pas encore !

– Ben, quoi, j'ai rien dit !

souris noire

Dans la même collection

souris poche

Dans la même collection

1 L'horloger de l'aube
Yves Heurté
(Souris-conte)

2 Taourama et le lagon bleu
Janine Teisson
(Souris-sentiments)

3 Bastien, gamin de Paris
Bertrand Solet
(Souris-histoire)

4 Bienvenue à Men-Ruz City
Karin Huet
(Souris-aventure)

5 La guerre d'Éliane
Philippe Barbeau
(Souris-histoire)

6 Fugue en duo
Anne-Marie Desplat-Duc
(Souris-sentiments)

7 Ski me plaît
Daniel Meynard
(Souris-aventure)

8 Mamie L'or rose
Claire Nadaud
(Souris-sentiments)

9 Tikendi
Geneviève Ceccaldi
(Souris-sentiments)

10 Mamadou a disparu
Christian Neels
(Souris-sentiments)

11 La photo de classe
Véronique Corgibet
(Souris-sentiments)

12 Au Gringo's bar
Gudule
(Souris-aventure)

13 Les dauphins de l'apocalypse
François Jean
(Souris-aventure)

14 Momo, petit prince des Bleuets
Yaël Hassan
(Souris-sentiments)

15 Histoires sorcières de Claude Seignolle
Marie-Charlotte Delmas
(Souris contes fantastiques)

16 Le cadeau oublié
Claude Clément
(Souris-sentiments)

17 Le fado de José
Chantal Crétois
(Souris-sentiments)

18 Dis non !
Bernadette Costa-Prades
Illustrations Manu Boisteau
(Souris-document)

19 La ferme du diable
Marie-Charlotte Delmas
(Souris contes fantastiques)

20 La frontière de sable
Claude Clément
(Souris-sentiments)

21 Une plume dans le whisky
Antonin Louchard
(Souris-humour)

22 La cavale de Tony Racaille
François Bayot
(Souris-sentiments)

23 Une école sur une poudrière
Marie-Claire Dorey
(Souris-verte)

24 Pas touche à mon spot
Christian Neels
(Souris-verte)

25 L'enfant dauphin
François Jean
(Souris-aventure)

26 Résiste !
Bernadette Costa-Prades
Illustrations Manu Boisteau
(Souris-document)

27 Le bonheur d'Éliane
Philippe Barbeau
(Souris-histoire)

28 Panique sur la rivière
Sigrid Baffert
(Souris-verte)

29 Une décharge de trop
Nicolas-Jean Brehon
(Souris-verte)

30 Un visa pour maman
Christine Vaufrey
(Souris-sentiments)

Achevé d'imprimer sur Cameron
par **Bussière Camedan Imprimeries**
à Saint-Amand-Montrond
Conception graphique couverture :
Didier Thimonier
Dessin de la Souris noire : Lewis Trondheim
Typo dessinée par Anne Ladevie
Dépôt légal : avril 2000
N° d'impression : 001728/1
Loi n° 49.956 du 16 juillet 1949
sur les publications destinées à la jeunesse